MW01224351

Patrocínio Sponsorship / Patrocinio

BOSCH

LEI DE
INCENTIVO
À CULTURA

MINISTÉRIO
DA CULTURA

Foz do Iguaçu

José Paulo Fagnani

Curitiba
2003

Foz do Iguaçu

Cidade cosmopolita, onde a exuberância da natureza se revela

Com privilegiada localização geográfica, Foz do Iguaçu tem em suas belezas naturais o maior atrativo. Situada na região da tríplice fronteira, junto à divisa do Brasil com a Argentina e o Paraguai, Foz do Iguaçu conta com acentuada diversidade étnica, resultado de um passado de disputas territoriais e do afluxo de um grande número de estrangeiros e brasileiros de outras regiões do país. Incorporados à população local, esses povos ajudaram a construir a quinta maior cidade do Paraná que, na virada do terceiro milênio, contava com cerca de 260 mil habitantes.

O primeiro ciclo econômico da região ocorreu nas décadas de 1930 e 1940, com a extração da erva-mate. Alguns anos depois, instalaram-se os primeiros hotéis. No entanto, foi a partir de 1974, com o início das obras da Usina de Itaipu, que a economia cresceu. Em cerca de uma década, a população quintuplicou. A construção da maior usina hidrelétrica do mundo impulsionou o turismo e divulgou as belezas naturais de Foz.

A partir de 1980, cresceu o turismo de compras, principalmente devido à área de livre comércio na vizinha Ciudad del Este, no lado paraguaio e com acesso pela ponte da Amizade. Símbolo de integração entre Brasil e Paraguai, a ponte da Amizade é atravessada diariamente por milhares de pessoas, que buscam em Ciudad del Este produtos eletroeletrônicos, perfumes e bebidas importadas. A ponte tem extensão de 552 metros e vão livre de 303 metros - o maior do mundo em obra de concreto.

Quinze quilômetros abaixo das Cataratas do Iguaçu, Brasil e Argentina construíram a ponte Tancredo Neves. A ponte leva ao lado argentino das Cataratas, ao comércio de roupas de couro, vinhos e conservas e à glamourosa vida noturna de Puerto Iguazú, que tem no cassino sua maior atração.

O clima é subtropical úmido, com inverno pouco rigoroso e temperaturas agradáveis o ano todo – oscilando entre 25°C e 40°C no verão. Localizada no Oeste do Paraná, a 192 metros acima do nível do mar, Foz do Iguaçu está a 650 quilômetros de Curitiba, a capital do estado. Um dos mais importantes pólos do ecoturismo nacional, Foz do Iguaçu conta com o terceiro maior parque hoteleiro do país, amparado por uma infra-estrutura que inclui um aeroporto internacional, um bom sistema viário e diversificada gastronomia.

As Cataratas do Iguaçu, o maior conjunto de quedas d'água do planeta, têm 275 saltos que se precipitam de uma altura média de 80 metros, num indomável turbilhão de água situado na fronteira entre Brasil e Argentina. Localizados dentro do Parque Nacional do Iguaçu, os saltos despencam de forma vertiginosa e, não raras vezes, quando a luz solar incide na densa névoa d'água, descortina-se o arco-íris. O primeiro branco a se deparar com a deslumbrante vista das Cataratas e um de seus saltos mais bonitos, a "Garganta do Diabo", foi o conquistador espanhol Don Álvar Nuñes Cabeza de Vaca, que liderou uma expedição com 250 homens em 1541.

Criado em 1939, o Parque Nacional do Iguaçu passou a ser considerado, 47 anos depois, Patrimônio Mundial da Humanidade, pela Unesco (Organização das Nações Unidas para a Educação, Ciência e Cultura). No final do século XX, com 180 mil hectares de área, tornou-se o mais visitado do país, com média anual de 800 mil visitantes. A aventura no parque começa nas trilhas do Macuco, com um safári na mata. É possível também vencer as corredeiras do rio Iguaçu, em barcos que avançam contra a correnteza em direção às Cataratas. O Parque das Aves reúne inúmeras espécies da região, num espetáculo de cantos e plumagens coloridas.

A Usina Binacional de Itaipu é outro espetáculo grandioso e de rara beleza. O maior complexo hidrelétrico em operação no planeta, com 18 unidades geradoras de 700 MW cada (mais outras duas em construção) e potência instalada de 12.600 MW, começou a ser construído em 1974, pelos governos do Brasil e Paraguai. O trecho do rio Paraná escolhido para a construção da barragem faz fronteira entre os dois países. Na passagem para o terceiro milênio, Itaipu produzia 25% da energia elétrica consumida no Brasil.

O Lago de Itaipu, formado pelo represamento do rio Paraná, banha um município do Mato Grosso do Sul e 15 da chamada Costa Oeste do Paraná, com uma seqüência de lindas praias e atracadouros. Trata-se do maior lago artificial do mundo, com 2085 km quadrados de extensão.

A pesca esportiva reúne em Foz do Iguaçu pescadores amadores e profissionais do Brasil, Argentina e Paraguai. Nas águas do rio Paraná, acontece em outubro o Campeonato Internacional de Pesca ao Dourado, peixe assim chamado por causa do amarelo das escamas. Vence a equipe que pescar o dourado mais pesado. Completa o evento o Festival do Dourado Assado, onde cozinheiros disputam o prêmio de melhor prato.

Por sua natureza exuberante, localização estratégica, traços de modernidade e hospitalidade de sua gente é que Foz do Iguaçu firmou-se como uma das mais importantes cidades brasileiras. Progresso e recursos naturais em harmonia fazem de Foz um completo roteiro, unindo momentos de aventura, descanso, negócios e lazer.

Foz do Iguaçu

A cosmopolitan city where the exuberance of nature is revealed

Thanks to its unique geographical location, Foz do Iguaçu's chief attraction is its natural beauty. Located in the triple border region, next to the boundary line between Brazil, Argentina and Paraguay, Foz do Iguaçu has a remarkable ethnic diversity, resulting from past territorial disputes and to the large number of foreigners and Brazilians from other regions of the country that have flocked to it. Together with the local population, these new arrivals helped to build Paraná's fifth largest city, which at the turn of the millennium numbered 260 thousand inhabitants.

The region's first economic cycle took place during the 1930's and 1940's, when maté tea plantations brought about an economic boom. A few years later, the first hotels were built. However, it was as of 1974, when construction was started on the Itaipu hydroelectric plant, the world's largest, that the local economy took a big step forward, by boosting tourism and making the natural attractions of Foz known far and wide. In less than a decade the population grew fivefold.

As of 1980, "purchasing tourism" started growing, mainly due to the free-trade area in the neighboring city of Ciudad del Este on the Paraguayan side, which can be accessed through the Friendship Bridge. A symbol of integration between Brazil and Paraguay, this bridge is crossed daily by thousands of people who go to Ciudad del Este looking to buy imported electrical and electronic products, perfumes and beverages. The Friendship Bridge is 552 meters long and has a 303-meter free span – the world's largest reinforced concrete structure.

Fifteen kilometers below the Iguaçu Falls, Brazil and Argentina built the Tancredo Neves Bridge. This bridge takes Brazilian tourists to the Argentine side of the Falls and to the shops of Puerto Iguazú, where leather clothes, wines and preserves are sold, as well as to the glamorous night-life of the city, whose chief attraction is its casino

Foz do Iguaçu's climate is humid subtropical, with a mild winter and pleasant temperatures all year long, fluctuating between 25°C and 40°C in summer. Located in western Paraná, at 192 meters above sea-level the city is 650 kilometers from Curitiba, the state capital. As one of the country's most important eco-tourism centers, Foz do Iguaçu boasts the country's third largest concentration of hotels, backed by an infrastructure that includes an international airport, a good road system and diversified gastronomic options.

The Iguaçu Falls, the planet's largest group of cascades, features 275 individual cascades plunging over an 80-meter cliff, an awesome vortex of water on the boundary line between Brazil and Argentina. Located within the confines of the Iguaçu National Park, the cascades rush straight down the cliff and when sunlight hits the water mist, a rainbow is often formed.

The first white man to enjoy the spectacular view of the Falls in one of its most beautiful cascades, the so called "Devil's Throat", was the Spanish Conquistador Don Álvar Nuñez Cabeza de Vaca, who led a 250 men expedition in 1541.

The Iguaçu National Park was created in 1939, and 47 years later it was designated by UNESCO as one of Humanity's World Heritage areas. At the end of the XX century, with its 180 thousand hectares, the Park became the country's most popular one, with an annual average of 800 thousand visitors. Adventure starts at the Macuco trails and with a safari in the forest. One can also go up the Iguaçu river rapids on boats that take the visitors all the way to the base of the Falls. Aviary Park brings together countless species that are typical of the region and which put on a vibrant show of color and sound.

The Itaipu Bi-National Hydroelectric Plant is another spectacle of grandeur and majesty. The planet's largest operating hydroelectric complex, with 18 generating units of 700 MW each (plus two others under construction) and an installed capacity of 12,600 MW, started being built in 1974, by the Brazilian and Paraguayan governments. The Paraná river stretch that was chosen for the construction of the dam is on the boundary line between the two countries. At the turn of the third millennium, Itaipu was producing 25% of the electric energy consumed in Brazil.

The Itaipu lake, formed by the damming up of the Paraná River, bathes one municipality of the state of Mato Grosso do Sul and 15 municipalities of the so-called Paraná's West Coast, with a sequence of beautiful beaches and marines. It's the world's largest artificial lake, covering an area of 2,085 sq. kilometers.

Sport fishing brings together at Foz do Iguaçu amateur and professional fishermen from Brazil, Argentina and Paraguay. In October of every year, the International Championship of Fishing for Dourado ("golden") takes place in the waters of the Paraná River. The fish got its name from its gold-colored scales, and the team that catches the heaviest Dourado gets the trophy. The event is crowned by the Baked Dourado Festival, when cooks vie for the prize awarded to the tastiest dish.

Due to its exuberant nature, strategic location, modern characteristics and the hospitality of its people, Foz do Iguaçu has assured for itself a place among the most important cities of Brazil. Material progress together with natural resources make Foz a must in any tourist's route, for there one will always find business opportunities, adventure and leisure.

Foz do Iguaçu

Ciudad cosmopolita, donde se revela la exuberancia de la naturaleza

Con una privilegiada localización geográfica, Foz de Iguazú tiene en sus bellezas naturales su mejor atractivo. Situada en la región de la triple frontera, en el límite de Brasil con Paraguay y Argentina, Foz de Iguazú cuenta con una acentuada diversidad étnica, resultado de un pasado de disputas territoriales y del flujo de gran número de extranjeros y de brasileños de otras regiones del país. Incorporados a la población local, esos pueblos ayudaron a construir la quinta mayor ciudad de Paraná que, al iniciar el tercer milenio, contaba con cerca de 260.000 habitantes.

El primer ciclo económico de la región se desarrolló en las décadas de 1930 y 1940, con el cultivo de la yerba mate. Algunos años después se instalaron los primeros hoteles. Sin embargo, fue a partir de 1974, al empezar la construcción de la Usina de Itaipu, cuando la economía creció. En aproximadamente una década la población se quintuplicó. La construcción de la mayor usina hidroeléctrica del mundo dio impulso al turismo y divulgó las bellezas naturales de Foz.

A partir de 1980 creció el turismo comercial, especialmente debido al área de libre comercio de la vecina Ciudad del Este, en Paraguay, cuyo acceso se realiza por el puente de la Amistad. Este puente, símbolo de la integración entre Brasil y Paraguay, es utilizado diariamente por miles de personas que buscan en Ciudad del Este productos eléctricos y electrónicos, perfumes y bebidas importadas. El puente tiene 552 metros de largo y una distancia entre pilares de 303 metros (la mayor del mundo en obras de hormigón armado).

A 15 kilómetros de las Cataratas del Iguazú, Brasil y Argentina construyeron el puente Tancredo Neves. Por este puente se llega al lado argentino de las Cataratas, al comercio de ropa de cuero, de vinos y de productos en conserva y a la interesante vida nocturna de Puerto Iguazú con su casino como gran atracción.

El clima es subtropical húmedo, con un invierno poco riguroso y temperaturas agradables durante todo el año (oscilan entre 25ºC y 40ºC en verano). Localizada al Oeste de Paraná, a 192 m sobre el nivel del mar, Foz de Iguazú está a 650 kilómetros de Curitiba, capital del estado. Uno de los más importantes polos de ecoturismo, Foz de Iguazú cuenta con el tercer mayor parque hotelero del país, amparado por una infraestructura que incluye un aeropuerto internacional, un buen sistema viario y variada gastronomía.

Las Cataratas del Iguazú, el mayor conjunto de saltos de agua del planeta, posee 275 saltos que se arrojan de una altura media de 80 metros, en un indomable torbellino de agua situado en la frontera entre Brasil y Argentina. Localizados dentro del Parque Nacional del Iguazú, los saltos caen de forma vertiginosa, y no raras veces, se revela un arco iris cuando la luz del sol inside en la espesa niebla de agua. El conquistador español Don Álvar Nuñez Cabeza de Vaca, que condujo una expedición con 250 hombres en 1541, fue el primer hombre blanco a depararse con el deslumbrante panorama de las Cataratas y uno de sus saltos más bonitos, la "Garganta del Diablo".

Creado en 1939, el Parque Nacional del Iguazú pasó a ser considerado, tras 47 años, Patrimonio Mundial de la Humanidad, por la Unesco (Organización de las Naciones Unidas para la Educación, Ciencia y Cultura). A fines del siglo XX, con 180 mil hectáreas de área, se ha convertido en el más visitado del país, con una media anual de 800 mil visitantes. La aventura del parque comienza en los senderos del Macuco, con un paseo de aventura por la mata. Es también posible vencer los despeñaderos de agua del río Iguazú, en barcos que avanzan contra la corriente de agua en dirección hacia las Cataratas. El Parque de las Aves reúne innumerables especies de la región, en un espectáculo de cantos y plumajes coloridos.

La Usina de Itaipu es otro espectáculo grandioso y de rara belleza. El mayor complejo hidroeléctrico en operación en el planeta, con 18 unidades generadoras de 700 MW cada (otras dos más en construcción) y potencia instalada de 12.600 MW, comenzó a ser construido en 1974, por los gobiernos de Brasil y Paraguay. El trecho del río Paraná elegido para la construcción de la represa hace frontera entre los dos países. Al pasar el tercer milenio, Itaipu producía el 25% de la energía eléctrica consumida en Brasil.

El Lago de Itaipu, formado por el represamiento del río Paraná, baña un municipio de Mato Grosso do Sul y 15 de la llamada Costa Oeste de Paraná, con una sucesión de lindas playas y atracaderos. Se trata del mayor lago artificial del mundo, con 2085 km^2 de extensión.

La pesca deportiva reúne en Foz de Iguazú pescadores amadores y profesionales de Brasil, Argentina y Paraguay. Ocurre en octubre, en las aguas del río Paraná, el Campeonato Internacional de Pesca al Dorado , pez así llamado a causa del amarillo de sus escamas. Vence el equipo que logre pescar el dorado más pesado. Para completar el evento, se realiza el Festival del Dorado Asado, donde cocineros disputan el galardón de mejor plato.

Foz de Iguazú se ha fortalecido como una de las más importantes ciudades brasileñas a causa de su naturaleza deslumbrante, localización estratégica, trazos de modernidad y acogimiento de su gente. Progreso y recursos naturales en armonía hacen de Foz de Iguazú un itinerario completo, mezclando momentos de aventura, descanso, negocios y pasatiempo.

Indígenas das tribos Caingangue, Guarani e Xetá têm no artesanato uma fonte de renda secundária. Nômades de origem e com práticas agrícolas primitivas, esses povos não têm condições de concorrer com a avançada agricultura da região.

Indians from the Caingangue, Guarani and Xetá tribes have an extra source of income in the handicrafts they sell. Being nomads by nature and with their primitive farming practices, these peoples are in no condition to compete with the region's advanced farming techniques.

Indígenas de las tribus Caingangue, Guarani y Xetá tienen en la artesanía una fuente de renta secundaria. Nómades de origen y con prácticas agrícolas primitivas, esos pueblos no tienen condiciones de competir con la avanzada agricultura de la región.

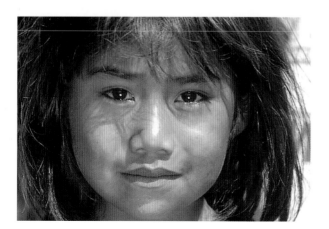

FOZ DO IGUAÇU

Quinta maior cidade do Paraná, Foz do Iguaçu firmou-se como uma das mais importantes cidades do país graças às belezas naturais e à sua localização estratégica. É um dos destinos turísticos mais procurados por visitantes brasileiros e estrangeiros.

Besides being Paraná's fifth largest city, Foz do Iguaçu has also won recognition as one of the country's most important cities, thanks to its natural attractions and to its strategic location. It is one of most popular tourist meccas for both Brazilians and foreigners.

Foz de Iguazú, la quinta mayor ciudad de Paraná, se ha firmado como una de las más importantes ciudades del país gracias a las bellezas naturales y a su localización estratégica. Es uno de los destinos turísticos más procurados por visitantes brasileños y extranjeros.

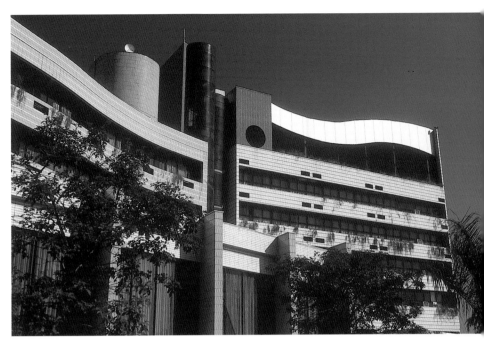

Com capacidade para 30 mil pessoas e 14 mil m² de área construída, o Centro de Convenções (AE) sedia grandes eventos nacionais e internacionais.
A infra-estrutura é garantida pelo Aeroporto Internacional de Foz do Iguaçu (AD) e o Terminal de Transporte Urbano (BE), servido por modernos ônibus e estações-tubo que conferem eficiência ao sistema.

With a capacity for 30 thousand people and 14 thousand sq. meters of constructed area, the Convention Center (AE) houses big national and international events.
The infrastructure is guaranteed by the Foz do Iguaçu International Airport (AD) and the Urban Transport Terminal (BE), served by modern buses and tube-stations that guarantee the system's efficiency.

Con capacidad para 30 mil personas y 14 mil m² de área construida, el Centro de Convenciones (AE) promueve grandes eventos nacionales e internacionales. La infraestructura está garantizada por el Aeropuerto Internacional de Foz de Iguazú (AD) y la Terminal de Transporte Urbano (BE), servido por modernos autobuses y estaciones "tubo" que confieren eficiencia al sistema.

FOZ DO IGUAÇU

Terra de todos os povos, diversidades culturais, étnicas e religiosas, Foz do Iguaçu reúne templos para a celebração da fé de todos os continentes. Emolduram a cidade os contornos arquitetônicos da Catedral São João Batista (igreja católica), do Templo Budista – o maior da América do Sul, com 108 estátuas alinhadas em direção ao pôr do Sol – e a suntuosa Mesquita Árabe (igreja islâmica).

Land of all peoples, of cultural, ethnic and religious diversities, Foz do Iguaçu boasts temples where all the continents can celebrate their faith. The city prides itself on the architectural contours of Saint John the Baptist's Cathederal (Catholic), on the Buddhist Temple, the largest in South America, and also its 108 statues aligned with the sunset – and the sumptuous Arab Mosque (Islamic temple).

Foz de Iguazú, tierra de todos los pueblos, de distintas culturas étnicas y religiosas, reúne templos para celebrar la fe de todos los continentes. Encuadran la ciudad los contornos arquitectónicos de la Catedral São João Batista (iglesia católica), del Templo Budista – el mayor de América del Sur y con 108 estatuas alineadas en dirección a la puesta del sol – y de la suntuosa Mesquita Árabe (iglesia islámica).

Hotéis modernos e bem equipados oferecem conforto e atendimento de nível internacional. Foz do Iguaçu conta com o terceiro maior parque hoteleiro do país.

Modern and well-equipped hotels provide comfort and international quality service. Besides, Foz do Iguaçu is the city with the third largest number of hotels in the country.

Hoteles modernos y bien equipados ofrecen comodidad y atendimiento de nivel internacional. Foz de Iguazú cuenta con el tercer mayor parque hotelero del país.

Numa área de quase 2 milhões de metros quadrados, no caminho das Cataratas, o Iguassu Golf Club & Resort integra o circuito internacional do golfe.

In an area of nearly 2 million square meters, alongside the road leading to the Falls, there is the Iguassu Golf Club & Resort, which is part of the international golf circuit.

En un área de casi 2 millones de metros cuadrados, en el camino a las Cataratas, el Iguassu Golf Club & Resort integra el circuito internacional de golf.

FOZ DO IGUAÇU

FOZ DO IGUAÇU

Sobre o rio Paraná, a ponte da Amizade une Foz do Iguaçu a Ciudad Del Este, no Paraguai. Inaugurada em 1965, no final da rodovia BR-277, com 552 metros de extensão, a ponte permite acesso rodoviário a Assunção, capital paraguaia, pela ruta 01. Símbolo da integração econômica e cultural entre Brasil e Paraguai, é atravessada diariamente por milhares de pessoas e veículos, que buscam em Ciudad Del Este produtos importados.

Built over the Paraná river, the Friendship Bridge links Foz do Iguaçu to Ciudad del Este, in Paraguay. Inaugurated in 1965, at the end of highway BR-277, the bridge is 552 meters long and provides access to Asunción, Paraguay's capital, through route 01. A symbol of economic and cultural integration between Brazil and Paraguay, the bridge is crossed daily by thousands of people interested in buying imported goods in Ciudad del Este.

El puente de la Amistad sobre el río Paraná, une Foz de Iguazú a Ciudad del Este, en Paraguay. Este puente, al final de la carretera BR-277 tiene 552 metros de extensión y fue inaugurado en 1965, permitiendo el acceso terrestre, por la ruta 01, a Asunción, capital de Paraguay. Símbolo de la integración económica entre Brasil y Paraguay, es utilizado diariamente por miles de personas que buscan en Ciudad del Este productos importados.

A ponte Tancredo Neves, sobre o rio Iguaçu, fica
quinze quilômetros abaixo das Cataratas e liga Foz do
Iguaçu a Puerto Iguazú, na Argentina. Com 489 metros
de extensão, ela leva ao lado argentino das Cataratas.
A travessia também conduz ao comércio de conservas,
vinhos e produtos de couro, além de permitir o acesso
a jogos em cassino.

The Tancredo Neves bridge over the Iguaçu River is
15 kilometers downstream from the Falls, and connects
Foz do Iguaçu with Puerto Iguazú, in Argentina. It is 489
meters long and leads tourists to the Argentine side
of the Falls. The bridge also makes it easy for Brazilians
to go to the shops where preserves, wines and leather
goods are sold, in addition to providing access to the
local casino.

*El puente Tancredo Neves sobre el río Iguazú, está a
15 kilómetros después de las cataratas y une Foz de
Iguazú a Puerto Iguazú, en Argentina. Con 489 metros
de extensión conduce al lado argentino de las cataratas
y al comercio de productos en conserva, vinos
y productos de cuero. También por este puente se
llega al casino.*

Ipê Amarelo – *Tabebuia chrysotricha (Mart.ex DC) Stande.*

Ipê Rosa – *Tabebuia heptaphylla (Vell) Tol.*

" Se não houver frutos,
valeu a beleza das flores.
    Se não houver flores,
valeu a sombra das
folhas.
    Se não houver folhas,
valeu a intenção da
semente."

" If there are no fruits,
let us admire the flowers.
    If there are no flowers,
let us rest in the shade of
the leaves.
    If there are no leaves,
let us praise the intention
of the seed."

" *Si no hay frutos,
vale la belleza de las
flores.
    Si no hay flores,
vale la sombra de las
hojas.
    Si no hay hojas,
vale la intención de la
semilla.*"

Henfil

Ipê Branco – *Tabebuia roxo-zilha (Ride) Sand.*

FOZ DO IGUAÇU

FOZ DO IGUAÇU

Natureza viva é a atração principal do Parque das Aves Foz Tropicana, com um show de cores que encanta pela diversidade em espécies de aves do mundo todo. Localizado a 100 metros da entrada do Parque Nacional do Iguaçu, o Foz Tropicana exibe 700 pássaros de 160 espécies procedentes dos cinco continentes, vários deles reproduzidos no artesanato local.

Live Nature is the main attraction of the Foz Tropicana Aviary Park, with its spectacle of colors that enchant the visitor through the sheer variety of bird species from all over the world. A mere 100 meters away from the entrance to the Iguaçu National Park, the Foz Tropicana exhibits birds of 160 different species, brought from the five continents, with several of them being reproduced in wood by local craftsmen.

La principal atracción del Parque de las Aves Foz Tropicana es la naturaleza viva, un show de colores que encanta por la diversidad de especies de aves de todo el mundo. Localizado a 100 metros de la entrada del Parque Nacional del Iguazú, el Parque Foz Tropicana exhibe 700 pájaros de 160 especies procedentes de los cinco continentes, varios de ellos reproducidos en las artesanías del lugar.

Tucano-açu – *Ramphastos toco.*

Beija-flor-grande-do-mato – *Ramphodon naevius.*

Araçari-castanho – *Pteroglossus castanotis.*

Araçari-poca – *Selenidera maculinostris.*

Papagaio-verdadeiro – *Amazona aestiva.*

Gralha-picaça – *Cyanocorax chrysops.*

Tucano-de-bico-verde – *Ramphastos dicolorus.*

Saracura-três-potes – *Aramides cajanea.*

Arara-canindé – *Ara ararauna.*

Mutun-de-penacho (fêmea) – *Crax fasciolata.*

Mutun-de-penacho (macho) – *Crax fasciolata.*

As mesmas águas que formam o conjunto das Cataratas, dezoito quilômetros abaixo criam outra bela paisagem ao desembocar no rio Paraná. Ali, os rios Iguaçu e Paraná delimitam a fronteira entre Brasil, Argentina e Paraguai. Para consolidar essa integração, cada país construiu em seu território um obelisco de pedra e cimento com as cores da respectiva bandeira. Além de proporcionar uma vista panorâmica dos três países, no lado brasileiro pode-se também admirar o Fórum das Américas, um anfiteatro em estilo medieval.

The same waters that give rise to the majestic Falls, eighteen kilometers downstream create another beautiful view when they are discharged into the Paraná River. There, the Iguaçu and the Paraná Rivers mark the boundaries between Brazil, Argentina and Paraguay. In order to consolidate this integration, each country built in its territory a stone and cement obelisk, painted in the colors of its respective flag. Besides affording a panoramic view of the three countries, on the Brazilian side one can also admire the Forum of the Americas, a medieval style amphitheater.

Las mismas aguas que forman el conjunto de las cataratas, 18 kilómetros hacia abajo crean otro bello paisaje al desembocar en el río Paraná. Allí los ríos Iguazú y Paraná delimitan la frontera entre Brasil, Argentina y Paraguay. Para consolidar esta integración, cada país construyó en su territorio un obelisco de piedra y cemento con los colores de la respectiva bandera. Además de proporcionar una vista panorámica de los tres países, también se puede admirar el Forum de las Américas, un anfiteatro en estilo medieval, ubicado en Brasil.

FOZ DO IGUAÇU

O Ecomuseu de Itaipu foi criado em 1987 para preservar a memória das comunidades localizadas às margens do lago de Itaipu. Expõe amostras da flora e da fauna regionais e mantém exposições de artes plásticas, artesanato e fotografias.

The Itaipu Eco-Museum was founded in 1987, for the purpose of preserving the memory of the communities located on the banks of Itaipu Lake. The museum exhibits specimens from the regional fauna and flora and sponsors exhibitions of plastic arts, handicrafts and photography.

El Eco museo de Itaipu fue creado en 1987 para preservar la memoria de las comunidades localizadas en las márgenes del lago de Itaipu. Expone muestras de flora y de fauna regionales y mantiene exposiciones de arte plástica, artesanía y fotografía.

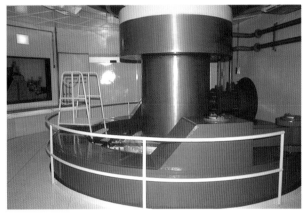

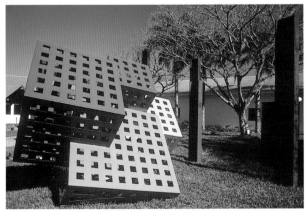

FOZ DO IGUAÇU

Um painel de autoria de
Poty Lazarotto, artista
plástico paranaense,
emoldura as instalações
da Usina de Itaipu.

A panel created by Poty
Lazarotto, a famous
"paranaense" plastic
artist, decorates the
facilities of the Itaipu
power plant.

*Un panel de Poty
Lazzarotto, artista
plástico paranaense,
adorna las instalaciones
de la Usina de Itaipu.*

FOZ DO IGUAÇU

No coração da América do Sul, numa região de matas densas e rios de forte correnteza, o projeto colossal da Usina de Itaipu – o maior complexo hidrelétrico do mundo – foi executado por brasileiros e paraguaios. Foram utilizados 12,3 milhões de metros cúbicos de concreto na construção, um volume quinze vezes maior que o necessário para construir o Eurotúnel, no continente europeu, e suficiente para edificar 210 estádios de futebol iguais ao Maracanã, no Rio de Janeiro.

In the heart of South America, in a region of dense forests and fast flowing rivers, the colossal project of the Itaipu Power Plant – the world's largest hydroelectric complex – was executed by Brazilians and Paraguayans. In the construction, 12.3 million cubic meters of concrete were used, a volume nearly 15 times bigger than that which was required for building the Eurotunnel, and enough to build 210 soccer stadiums as big as Rio de Janeiro's gigantic Maracanã stadium.

En el corazón de América del Sur, en una región de florestas densas y ríos de fuerte correntada, el proyecto colosal de la Usina de Itaipu, el mayor complejo hidroeléctrico del mundo, fue ejecutado por brasileños y paraguayos. En su construcción se utilizaron 12,3 millones de metros cúbicos de hormigón, un volumen 15 veces mayor que lo necesario para construir el Eurotúnel, en el continente europeo, y lo suficiente para edificar 210 estadios de fútbol iguales al Maracanã, en Rio de Janeiro.

Na entrada do Parque Nacional do Iguaçu, considerado Patrimônio Natural da Humanidade, o visitante é recepcionado em um moderno e eficiente complexo de atendimento, que inclui o transporte em ônibus "double deck" até as atrações do parque.

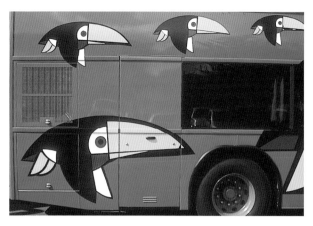

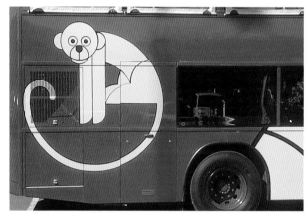

At the entrance to the Iguaçu National Park, which is considered as part of Humanity's Natural Heritage, the visitor is welcomed into a modern and efficient service complex, which includes transportation on a double-deck bus, all the way to the park's attractions.

En la entrada del Parque Nacional del Iguazú, considerado Patrimonio Natural de la Humanidad, se recibe al visitante con un moderno y eficiente complejo de atendimiento, que incluye transporte en ómnibus double deck hasta las atracciones del parque.

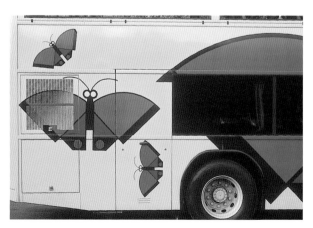

A arquitetura colonial do Hotel das Cataratas e o restaurante com mesas instaladas sobre um grande "deck" de madeira, permitem privilegiados ângulos de observação das Cataratas do Iguaçu.

The colonial style architecture of the "Hotel das Cataratas" and the restaurant with tables placed on a large wooden deck afford spectacular angles from which to admire the Iguaçu Falls.

El Hotel de las Cataratas de estilo colonial y su restaurante instalado sobre una gran terraza, ofrecen una vista privilegiada de las Cataratas del Iguazú.

O Macuco Safári é um passeio radical pela floresta e nas águas do rio Iguaçu. Após percorrer uma trilha aberta na mata, grupos de turistas aventuram-se pelas corredeiras a bordo de lanchas, até atingir as Cataratas.

Macuco Safari is a radical excursion through the forest and on the waters of the Iguaçu River. After trekking along a trail through the forest, groups of tourists venture up the rapids on boats that take them all the way to the base of the Falls.

El Macuco Safari es un paseo de aventura por la floresta y por las aguas del río Iguazú. Después de un recorrido por el sendero abierto en el bosque, los grupos de turistas se aventuran en lanchas por despeñaderos hacia las cataratas.

Ao caminhar pelas trilhas do Parque Nacional do Iguaçu, pode-se observar de perto a riqueza da fauna. Animais como o quati, símbolo de Foz do Iguaçu, ficam bem próximos do visitante.

When Walking along the trails of the Iguaçu National Park, one can admire the richness of its fauna. Animals such as the coati, a symbol of Foz do Iguaçu, dont's hesitate to come near the visitors.

Al caminar por los senderos del Parque Nacional del Iguazú, se puede observar la riqueza de la fauna. A poca distancia del visitante se pueden ver animales, como el coati, símbolo de Foz de Iguazú.

Hyla caingua.

Pseudis paradoxus.

Phrynohyas venulosa.

Osteocephalus langsdorffii

Aplastodiscus perviridis

Liophis poecilogyrus.

Caiman latirostris.

Tupinambis meriani.

As Cataratas do Iguaçu

"Espetáculo belo e surpreendente
Desdobra-se, radioso, à nossa vista;
Quadro soberbo que qualquer artista
Retrata com paixão, gostosamente. (...)"

The Iguaçu Falls

"A beautiful and breathtaking spectacle
Unfolds before our very eyes;
A superb picture that any artist
Would passionately and joyfully paint. (....)"

Las Cataratas del Iguazú

*"Espectáculo bello y sorprendente
se desdobla, radiante, a la vista;
cuadro soberbio que cualquier artista
reproduce con pasión, gustosamente. (...)"*

Antonio Vasco Guimarães

FOZ DO IGUAÇU

Flor-de-bananeira
Musa ornata (Roxb)

Hibisco-colibri
Malva viscus arboreus (Cav)

Girasol – *Helianthus annuus (Linn)*

Aguapé – *Eichhonia crassipes (Mart) Solms-Saub*

Hibisco – *Hibiscus rosa-sinensis (Linn)*

Esponjinha – *Calliandra tweedii (Benth).*

Camarão-amarelo
Pachystachys lutea (Nees).

Eritrina-candelabro
Erythrina speciosa (Andrews).

Lanterna-chinesa ou Campainha – *Abutilon striatum (Dicks).*

Ninféia-azul ou Lírio-d'água – *Nymphaea caerulea (Andr)*

FOZ DO IGUAÇU

Mechanits lysimniz lysimnia   *Ithomia lichyi*

FOZ DO IGUAÇU

Siproeta stelenes stelenes

Morpho heleanor violacea nymphalidae

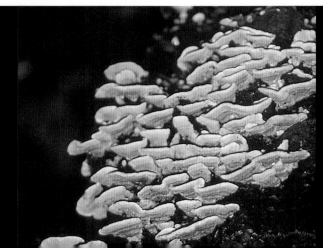

Copyright © 2002
Natugraf Ltda.
Rua Costa Rica 63 – CEP 82.510-180 – Curitiba – PR – Fone: (041) 257-6711
E-mail: natugraf@natugraf.com

Editor
José Paulo Fagnani

Projeto Gráfico e Editoração Eletrônica • Layout and Desktop Publishing • Proyecto Gráfico y Edición Electrónica
Saulo Kozel Teixeira

Texto • Text • Texto
Susana Branco de Araújo Santos

Revisão e versão para o Inglês • Revision and translation into English • Revisión y versión para el Inglés
Nelson Torres

Versão para o Espanhol • Translation into Spanish • Versión para el Español
Regina Céli Gomes de Oliveira e Ana Maria Morandi de Haro

Coordenação Projeto Cultural • Coordination of the Cultural project • Coordinación Proyecto Cultural
Jugleni J. Krinski e Natasha A. Krinski

Tratamento de fotos • Photo treatment • Tratamiento de fotos
Paulo Arazão

Fotolitos • Prepress • Fotolitos
Newlaser

Impressão • Printing • Impresión
Fotolaser

Encadernação • Binding • Encuadernación
Cellart

Fotos • Photos • Fotos
Números/nunbers/números – Páginas/pages/páginas
(A) = encima, top, arriba. (B) = embaixo, botton, abajo. (C) = centro, center,centro. (D) = direita. right, a la direcha (E) = esquerda, left, a la izquierda

Beatriz Boscardin: 48,54 (AE)
Carlos Ravazzani: 26 (CD), 44 (B), 52 (AD), 53 (AE), 53 (AD)
Gilberto Abdalla Rassi (Giba): 17 (A), 17 (BE)
Giovani Santos: 43 (BE)
Itaipu Binacional: 36 (A), 37
José Paulo Fagnani: 6, 8, 9, 10, 11, 12, 13, 14, 15 (B), 16, 18, 19, 21, 22, 23, 24, 25, 26, 27, 28, 29, 30, 31, 36 (B), 36 (C), 38 (B), 39, 40 (A), 41, 43, 44 (A), 46, 47, 50, 51 (A), 52 (B), 52 (AE), 54 (BE), 55 (A), 55 (BD)
Joseliy Mendes: Guarda 1, 4, 8 (B), 15 (A), 20, 45 (BD), 49 (A), 53 (CD), 53 (BD), 54 (BD), 55 (BE), 56
Mendonça Jr.: 38 (A), 42, Guarda 2
Manoel Luiz Amaral: 49 (B), 51 (B)
Macuco Safari: 43 (BD)
Magno Segalla: 45
Secretaria de Turismo de Foz do Iguaçu: 2, 17 (BD)
Sidney Schmeiske Mendes: 32, 33, 40 (B)
Wilson Miranda: 34, 35

Fagnani, José Paulo, 1950-
    Foz do Iguaçu / fotografias de José Paulo Fagnani ;
texto Susana Branco de Araújo Santos ; versão para o
inglês Nelson Torres, versão para o espanhol Regina Céli
Gomes de Oliveira, Ana Maria Morandi de Haro. -
Curitiba : NATUGRAF, 2003.
    56p. : il. col. ; 21x29cm.

    ISBN 85-87267-06-X
    Texto também em inglês e espanhol.

    1. Foz do Iguaçu (PR) – Descrição – Vistas. 2. Foz do
Iguaçu (PR) – Obras ilustradas. I. Santos, Susana Branco
de Araújo. II. Título.

                                        CD (20ª ed.)
                                        918.1622

Dados internacionais de catalogação na publicação
Bibliotecária responsável: Mara Rejane Vicente Teixeira

José Paulo Fagnani, engenheiro civil, nasceu em 14 de julho de 1950 em Cambé, PR. Foi presidente do Fotoclube do Paraná por duas gestões (1986-91 e 1996-98) e é membro da Confederação Brasileira de Fotografia e Cinema.

Em parcerias com Carlos Ravazzani, Hilário Wiederkehr Jr e Silton da Costa, publicou os livros Pantanal, Pantanal Brazilian Wild Life, Curitiba - Capital Ecológica, Mata Atlântica, A Capital Ecológica - Curitiba, Curitiba 3D e Paraná.

Participa, desde a década de 1980, de salões e exposições de fotografia. Entre vários prêmios conquistados, recebeu Menção Honrosa no Concurso Nikon, de 1985, e Medalha de Ouro em Taipei, República da China, em 1989.

José Paulo Fagnani, a civil engineer, was born on July 14, 1950, in the city of Cambé, state of Paraná.

He was president of the Paraná Photo-Club for two terms (1986-91 and 1996-98) and is also a member of the Brazilian Federation of Photography and Cinema.

Together with Carlos Ravazzani, Hilário Wiederkehr Jr. and Silton Costa, he published the books Pantanal – Brazilian Wildlife, Curitiba-the Ecological Capital, The Atlantic Rainforest, The Ecological Capital – Curitiba, Curitiba 3D and Paraná. Since the 80's, he has participated in photography exhibitions. Among the many awards he has won is that of Honorable Mention at the 1985 Nikon Competition, and a gold medal in Taipei, Republic of China, in 1989.

José Paulo Fagnani, ingeniero civil, nació el 14 de julio de 1950 en Cambé, Paraná. Fue presidente del Fotoclub de Paraná en dos períodos (1986-91 y 1996-98) y es miembro de la Confederación Brasileña de Fotografía y Cine.

En conjunto con Carlos Ravazzani, Hilário Wiederkehr Jr. y Silton da Costa, publicó los libros Pantanal, Pantanal Brazilian Wild Life, Curitiba – Capital Ecológica, Mata Atlántica, La Capital Ecológica – Curitiba, Curitiba 3D y Paraná.

Participa desde la década de 1980 en muestras y exposiciones de fotografía. Entre varios premios conquistados, recibió Mención Honrosa en el Concurso Nikon, de 1985, y Medalla de Oro en Taipei, República de China, en 1989.